BEI GRIN MACHT SICH IHR WISSEN BEZAHLT

- Wir veröffentlichen Ihre Hausarbeit,
  Bachelor- und Masterarbeit

- Ihr eigenes eBook und Buch -
  weltweit in allen wichtigen Shops

- Verdienen Sie an jedem Verkauf

Jetzt bei www.GRIN.com hochladen
und kostenlos publizieren

Bernd Tünnesen

Criminal poisoning I: Autopsien und post-mortale Untersuchungen in Deutschland, Österreich und der Schweiz

GRIN Verlag

Bibliografische Information der Deutschen Nationalbibliothek:

Die Deutsche Bibliothek verzeichnet diese Publikation in der Deutschen National-
bibliografie; detaillierte bibliografische Daten sind im Internet über http://dnb.d-
nb.de/ abrufbar.

Impressum:

Copyright © 2008 GRIN Verlag GmbH
Druck und Bindung: Books on Demand GmbH, Norderstedt Germany
ISBN: 978-3-638-93108-3

Dieses Buch bei GRIN:

http://www.grin.com/de/e-book/88819/criminal-poisoning-i-autopsien-und-post-
mortale-untersuchungen-in-deutschland

Criminal Poisoning I:

Autopsien und toxikologische post-mortem Untersuchungen in Deutschland, Österreich und der Schweiz

Studie zur Ermittlung des Nachweispotentials der
Rechtsmedizinischen Institute und der Forensischen Toxikologie
bei der Verwendung exotischer Gifte

Bernd Tünnesen

März 2008

Inhaltsverzeichnis

Vorwort

Im Jahre 1840 wurde in Frankreich ein Prozess gegen Marie Fortunée Lafarge geführt, die beschuldigt wurde, ihren Mann Charles Lafarge mittels Arsenik vergiftet zu haben.

Dieser Prozess wurde weltweit zum ersten Gerichtsverfahren mit einem Urteil auf der Grundlage eines toxikologisch-chemischen Beweises. Das Gerichtsverfahren spaltete Frankreich in zwei Lager, in die *Lafargisten* und die Anti-Lafargisten. Noch einige Jahre nach der Verurteilung erschienen Streitschriften und Bücher, in denen Anhänger beider Lager leidenschaftlich für ihre jeweilige Sache eintraten.

Marie Lafarge konnte in dem zweiten gegen sie geführten Prozess durch den Toxikologen Mathieu Orfila überführt werden, der bewies, dass der Körper Charles Lafarges Arsenik enthielt.

Bereits unter Heinrich VIII., geboren am 28. Juni 1491 in Greenwich, † 28. Januar 1547 im Whitehall-Palast (vom 22. April 1509 bis zu seinem Tod König von England), wurde ein Gesetz erlassen, demzufolge Giftmörder zu Tode gebrüht werden sollten. Nachweismethoden von Giften kannte man damals aber noch nicht.

Das 17. Jahrhundert war definitiv das Jahrhundert der systematischen Giftmorde durch Arsen in Italien und Frankreich, und der Nachweis dieser Substanz war ebenfalls immer noch nicht möglich. Erst im 19. Jahrhundert etablierten sich die ersten chemischen Nachweismethoden von Giften, so die *„Marsh´sche Probe"*, die 1836 durch den Engländer James Marsh entwickelt wurde und mit der man jetzt Arsen-Morde aufklären konnte. Orfila hatte diese Analysemethode in dem Prozess gegen Marie Fortunée Lafarge angewendet und damit dem Gericht den entscheidenden Beweis geliefert, welcher zur Verurteilung der Lafarge führte.

Man kann behaupten, dass Orfila der weltweit erste Forensische Toxikologe war, der sich mit den kriminalistischen und juristischen Aspekten von Gifteinwirkungen auf den menschlichen Organismus als auch mit der Aufdeckung von Vergiftungen beschäftigt hatte und dieses Wissen in einem Gerichtsprozess erstmalig anwendete.

Bis heute ist das zentrale Thema der Forensischen Toxikologie der Nachweis, aber auch der Ausschluss von Vergiftungen. Natürlich haben sich Untersuchungstechniken, Analysemethoden und speziell das Wissen über Gifte bis heute mannigfaltig erweitert, das zentrale Thema der Forensischen Toxikologie ist aber immer noch dasselbe.

In dieser Arbeit (*„Criminal poisoning I "*) werden speziell die Möglichkeiten beschrieben, die ein hochmotivierter potentieller Giftmörder (m/w) in einer globalisierten Welt des 21. Jahrhunderts hat, möchte er sein(e) Ziel(e) konsequent verfolgen. Basierend auf diesen Ergebnissen wurde untersucht, inwieweit die Länder Deutschland, Österreich und die Schweiz das Potential besitzen, komplizierte Giftmorde mit exotischen Giften aufzuklären. Als Untersuchungsparameter wurden die Autopsieraten in den jeweiligen Ländern sowie die Untersuchungsraten an grundlegenden und erweiterten post-mortalen toxikolo-gischen Untersuchungen herangezogen. Auch der Zustand der Rechtsmedizinischen Institute sowie Stellenwert und Zustand der „Toxikologie" wurden in den jeweiligen Ländern untersucht. Der Faktor „Polizeiliche Emittlungsarbeit" konnte als Untersuchungsparameter nicht mit in diese Arbeit einfließen.
Abschließend soll noch ausdrücklich darauf hingewiesen werden, dass alle personen-bezogenen Aussagen grundsätzlich auf beide Geschlechter (m/w) bezogen sind. Zur Vereinheitlichung wurden in dem nachfolgenden Text die Begriffe „Rechtsmediziner" bzw. „Rechtsmedizin" verwendet (vergl. Gerichtsmediziner/ Gerichtsmedizin).

Heidelberg, im März 2008

Bernd Tünnesen

1. Einführung

Man kann sicher behaupten, dass es Giftmörder (m/w) immer innerhalb einer Gesellschaft gab, dass sie auch heute noch unter uns sind und auch zukünftig sein werden. In vielen Kriminalromanen lenkt der Autor das Interesse seiner Leser von Zeile zu Zeile auf Giftmörder, und Geschichtsbücher belegen, dass in den unterschiedlichsten Kulturen, von der Antike bis zum Alten Rom, recht unterschiedliche Personen mit dem Wissen über die „Hohe Kunst des Giftmischens" ausgestattet waren und nur wenige davor zurückschreckten, ihr Wissen anzuwenden. [1]

Seit vielen Jahrhunderten bis zum heutigen Tag hat sich das Wissen über Gifte, deren Wirkungsmechanismen, Handhabung und Beschaffung ständig weiterentwickelt, wenn auch die Motive von Giftmördern sich in diesem Zeitraum kaum geändert haben. Nie war es so einfach wie heute, sich innerhalb kürzester Zeit Informationen aus dem Internet zu besorgen, die sich mit Giften beschäftigen, mit deren Besorgung, Anwendung, Nachweisbarkeit oder eben ihrer Nicht – Nachweisbarkeit. Und wer im Internet das notwendige Wissen nicht ad hoc findet, kann sich die dementsprechende Literatur bei wissenschaftlichen Verlagshäusern innerhalb Europas oder in Übersee bestellen. Für potentielle Giftmörder oder an Toxikologie interessierte Personen bestehen ganz neue Möglichkeiten, die die Verwendung von Arsen oder Zyankali plötzlich als mittelalterliche Mordwaffe erscheinen lassen.

In Deutschland, Österreich und der Schweiz obliegt es den jeweiligen Rechtsmedizinischen Instituten, eine mögliche Vergiftung bei einem Verstorbenen (m/w) auszuschließen oder eben zu bestätigen. Besitzen diese Rechtsmedizinischen Institute aber überhaupt noch die formalen sowie inhaltlichen Möglichkeiten, komplizierte Vergiftungen mit fremdartigen Noxen qualitativ und quantitativ nachzuweisen? Wann und wie häufig werden gezielte Autopsien in den genannten Ländern durchgeführt, einschließlich einer umfangreichen toxikologischen post-mortem Untersuchung? Wie häufig werden Forensische Toxikologen zu Autopsien hinzugerufen, besteht ein Zweifel an dem natürlichen Tod einer Person (m/w) bzw. besteht ein Anfangsverdacht auf Vergiftung?

Unter den Begriffen „fremdartige Noxe" oder „exotisches Gift" sollen grundsätzlich die Gifte verstanden werden, die in den o.g. Ländern nicht endemisch sind, so z.B. Afrikanische Jagd- u. Pflanzengifte und/oder Gifte, die aus anderen Teilen der Erde stammen.

Diese Publikation beschäftigt sich mit den Möglichkeiten von potentiellen Giftmördern in der heutigen globalisierten Welt und versucht, vorangegangene Fragen mittels Fallstudien zu beantworten.

2.   Globalisierung und Kriminalisierung

Den wirtschaftlichen Begriff der Globalisierung prägte Theodore Levitt (1925-2006), ein deutscher Emigrant und ehemaliger Professor an der Harvard Business School, 1983 mit dem Artikel *„The Globalization of Markets"* [2] in der Harvard Business Review [3]. Unter dem Begriff Globalisierung an sich ist der Prozess einer zunehmenden internationalen Verflechtung in allen Bereichen zu verstehen, der durch Staaten, Unternehmen und Institutionen, Kultur und Politik, Wirtschaft und Kommunikation, Wissen und Forschung aber auch auf der Ebene von einzelnen Individuen realisiert werden kann.

Dass sich Globalisierung auch in organisierter Kriminalisierung ausprägen kann, zeigte u.a. Hans – Ludwig Zachert, ehemaliger Präsident des deutschen Bundeskriminalamtes (BKA) in seiner Analyse *„Die internationale organisierte Kriminalität"* [4]. Zachert beschreibt, dass sich viele Straftäter zusammengeschlossen haben, ihre Methoden sich ständig verfeinern und sich viele Straftäter fortwährend modernstes technisches, kaufmännisches, wissenschaftliches und juristisches Know – how aneignen, um ihre Ziele zu erreichen. Gerade unter diesem Focus schlägt Zachert zur Gewährleistung der Inneren Sicherheit ein umfassendes Gesamtkonzept vor, mit den Zielen *„Verhütung und Bekämpfung von Straftaten"* sowie eine *„delikt- und staatenübergreifende Orientierung von Justiz und Polizei".*   Zachert postuliert in seiner Analyse, dass *„Die Gewährleistung der Inneren Sicherheit, so auch der Schutz der Bürger vor Straftaten, zu den zentralen staatlichen Aufgaben gehört".* [4]

Nicht nur in der Bundesrepublik Deutschland, sondern auch in Österreich und der Schweiz, mit bedingt durch die Anschläge vom 11. September 2001 auf die USA, sind seit einigen Jahren umfassende Gesamtkonzepte gegen internationalen Terrorismus zum einen und gegen organisierte Kriminalität zum anderen verschärft zu beobachten.

Widersprüchlicherweise sind es aber auch genau dieselben Staaten, die die Autopsieraten an den jeweiligen Rechtsmedizinischen Instituten mitunter dramatisch zurückgefahren haben bzw. in denen solche Institute aus Kostengründen schließen oder fusionieren mussten. Dem ambitionierten, mit wissenschaftlichen und technischen Verständnis ausgerüsteten Einzeltäter wurde somit indirekt signalisiert, dass die dementsprechenden Rechtssysteme weniger potent gegen gezielte Giftmorde zu Felde ziehen können, da gerade die toxikologischen post-mortem Untersuchungen von der Entwicklung der Rechtsmedizinischen Institute betroffen sind.

Das grundsätzlich Paradoxe an diesem Sachverhalt ist, dass hochmotivierte potentielle Giftmörder, die im Regelfall immer als Einzeltäter auftreten, sich die Werkzeuge der Globalisierung (Internet, globalisiertes Wissen, Beschaffung von fremdartigen Giften im Ausland, vereinfachtes Reisen ohne Kontrollen etc.) zu Eigen machen, ohne dabei in das Fahndungsmuster des „organisiert Kriminellen" oder des „Terrorverdächtigen" zu tappen.

Der heutige Giftmörder (m/w) ist durch angelesenen Wissensstand und durch unzählige weiterführende Informationsquellen in der Lage zu beurteilen, welche Gifte an den jeweiligen Rechtsmedizinischen Instituten überhaupt analysiert werden können, welche davon tatsächlich analysiert werden und welche Gifte „durchs Raster fallen", da eine Analyse nicht oder nur unter erheblichen Einsatz möglich ist. Er ist ferner in der Lage, sich über effektive Wirkungsmechanismen von exotischen Giften zu informieren, nach denen noch nicht einmal in den drei genannten Staaten im Rahmen einer forensischen Standardanalytik gesucht wird. Und er wird in der Lage sein, will er sein Ziel konsequent erreichen, solche Gifte in Afrika, Asien oder anderen Teilen der Erde zu beschaffen.

Ausschließlich gezielte und regelmäßig durchgeführte rechtsmedizinische Untersuchungen mit nachgeschalteten toxikologischen post-mortem Untersuchungen wären in der Lage, die Anwendung eines solchen fremdartigen Giftes aufzudecken und qualitativ nachzuweisen. In diesem Zusammenhang muss und kann die Autopsie als die letzte Hürde angesehen werden, die über Erfolg bzw. Misserfolg der Handlung eines Giftmörders entscheidet.

3.   Das „ideale Gift"

John Harris Trestrail beschreibt in seinem *„Investigational Guide for Law Enforcement, Toxicologists, Forensic Scientists and Attorneys"* [5] spezifische Parameter, die ein „ideales Gift" als Mordwaffe erfüllen muss: Es sollte farb-, geruchs- und geschmacklos sowie mischbar mit Getränken (wasserlöslich) sein und bevorzugt zeitverzögert wirken, um dem Mörder zwischen Verabreichung des Gifts an dessen Opfer und der Wirkung des Giftes Zeit (und Alibi) zu verschaffen.
Trestrail berichtet ferner, dass ein möglichst exotisches Gift verwendet werden soll, welches in der toxikologischen Standardanalytik des jeweiligen Landes nicht im Programm ist. Außerdem berichtet er von einem Gift, welches bereits in kleinen Mengen wirkt, da diese leichter zu verabreichen sind als große Mengen einer Noxe. Das Gift muss chemisch stabil sein, um sein Wirkungspotential nicht zu verfehlen. [5]

In seiner Publikation *„Principles of Forensic Toxicology"* [6] weist Barry Levine darauf hin, dass körpereigene Stoffe als Gifte verabreicht werden können, werden sie nur hoch genug dosiert. Auch sind der Forensischen Toxikologie zahlreiche Fälle bekannt, in denen Gifte verwendet wurden, die in körpereigene, biochemische Abläufe z.B. in den Zitronensäurezyklus eingreifen, diese letztendlich blockieren und zum Tode führen. Ein Giftnachweis kann hier in der Regel nur indirekt, bedeutet durch Nachweis des Metaboliten in dementsprechenden Geweben, erfolgen. [6] *(Siehe „Criminal poisoning II")*
Dieser Nachweis kann ausschließlich im Rahmen einer toxikologischen post-mortem Untersuchung erfolgen, indem eine Biopsie von Geweben erfolgt, z.B. der Nieren. Aber wie oft werden solche Untersuchungen in Deutschland, Österreich und der Schweiz überhaupt durchgeführt?

Hat sich der potentielle Giftmörder (m/w) ausreichend darüber informiert, welches (exotische) Gift mit dementsprechendem Wirkungsmechanismus er zum Erreichen seiner Ziele einsetzen möchte, stellt sich die Frage, wo oder woher er dieses Gift bekommt. Neben der bereits erwähnten Möglichkeit, selbst in die jeweiligen Länder im Rahmen einer Urlaubsreise zu fliegen, benennt Trestrail [5] unter anderem auch die Nutzung sogenannter „Untergrundkataloge", aus denen die verschiedensten fremdartigen Pflanzen– und Tiergifte weltweit geordert und mittels Kreditkarte bezahlt und abgerechnet werden können. Ein Beispiel soll genannt werden: So macht ein Gesetz in dem Bundesstaat Indiana/ USA es möglich, dass ein solcher Anbieter von Giften sein Gewerbe ganz offiziell anbieten kann und daher von einem „Untergrundanbieter" überhaupt nicht mehr die Rede ist. [5]

4. Die Anwendung des „idealen Gifts": Die Troja-Methode

Die Troja-Methode beruht auf folgender Annahme: Da die behandelnden Ärzte und später die nachgeschalteten Exekutivbehörden oder Versicherungen immer Fragen stellen werden, warum und woran eine Person (m/w) verstorben ist, müssen diese Fragen durch ein „Ablenkungsmanöver" beantwortet werden, welches mit dem Ziel „Natürlicher Tod" oder „Unfall" durchgeführt wird. Selbsttötung oder Mord müssen aus der Sicht des Giftmörders aus verständlichen Gründen weitgehenst ausgeschlossen werden, da z.B. Versicherungen Leistungen verweigern können, wenn sich das Opfer selbst getötet hat. Auch wird ein Giftmörder keine Leistungen aus einer Versicherungspolice erhalten, wurde er als Mörder überführt.

Die Idee der Troja-Methode ist es, das „ideale Gift", wie im Punkt 3 beschrieben, durch Nutzung eines zweiten Giftes, welches durch die Standardanalytik sehr leicht zu bestimmen ist, zu kaschieren, wobei das zweite Gift „natürlicher Ursache" sein muss. Werden Patienten mit schweren Lebensmittelvergiftungen (z.B. durch Fische, Meeresfrüchte, etc.) oder sonstigen starken bakteriellen Infektionen in ein Krankenhaus eingeliefert, so steht die Behandlung dieser Infektion im Vordergrund und spätere Antworten und Begründungen fallen wesentlich einfacher, verstirbt der Patient dennoch trotz intensiver Behandlung im Krankenhaus. Dass das „ideale Gift" seine tödliche Wirkung entfaltet hat, muss erst einmal unter diesen Bedingungen nachgewiesen werden. Insbesondere ist dieser Nachweis, je nach Natur und Wirkungsmechanismus des „idealen Giftes", kaum oder gar nicht durchführbar. (*Siehe „Criminal poisoning II"*)

Die Troja-Methode dient einzig und allein der Ablenkung und zur Beantwortung von Fragen, die nach dem Tod einer Person immer gestellt werden und ist je nach Beziehung zwischen Opfer und Mörder in ganz verschiedenen Varianten durchführbar. Daher ist bei dem plötzlichen Versterben von Personen mit Vorerkrankungen (speziell Herz-erkrankungen), bei überdurchschnittlich schwer verlaufenden Lebensmittelvergiftungen oder Infektionen, aber auch bei Unfällen mit Todesfolge, zumindest an die Möglichkeit des Einsatzes der Troja-Methode zu denken. Zwischen dem Grund, warum eine Person verstarb und einer möglichen Vorerkrankung bei dieser Person, muss eine zwingende Kausalität vorherrschen, damit plausible Rückschlüsse gezogen werden können. (*Siehe „Criminal poisoning II"*)

5. Die rechtsmedizinische und forensisch-toxikologische Landschaft: Autopsien in Deutschland, Österreich und der Schweiz

Es gehört zweifellos zu den zentralen Aufgaben eines jeden Staates, die Gesundheit, das Leben und die Sicherheit seiner Bürger zu schützen und die dafür notwendigen Voraussetzungen zu schaffen. Die Obduktion (Sektion, Autopsie, innere Leichenschau) ist eine zentrale Säule der Qualitätssicherung im Gesundheitswesen und stellt somit einen essentiellen Bestandteil der Gesundheitsfürsorge dar. Der jeweilige Gesetzgeber sollte sich daher verpflichtet fühlen, die zur Durchführung einer ausreichenden Anzahl von Obduktionen notwendigen rechtlichen, ökonomischen und faktischen Voraussetzungen zu schaffen. [7]

Die Obduktion dient der definitiven Abklärung der Grund- und Nebenerkrankungen ebenso wie der Feststellung des Krankheitsverlaufs bzw. der Todesursache(n). Eine geringe Sektionsquote führt zu einer falschen Todesursachenstatistik. Da letztere auch eine Basis für die Mittelverteilung im Gesundheitswesen bildet, sind überdies direkte Auswirkungen auf die Güte der Gesundheitsversorgung zu unterstellen.

Sektionen sind unverzichtbar für die Qualitätssicherung der ärztlichen Behandlung. Die Dokumentation von Sektionsprotokollen, Bildern, histologischen Präparaten und konservierten Organen soll hierfür die Grundlage sein. [7]

Die rückläufige Sektionsfrequenz in Deutschland zeigt überdies negative Auswirkungen auf die medizinische Aus-, Weiter- und Fortbildung: Ohne regelmäßige Sektionserfahrung gehen Ärzten grundlegende makroskopisch-pathologische Kenntnisse und damit die Fähigkeit zur Bewertung schwerwiegender bzw. komplexer Krankheiten verloren. [7]

Auch die Rechtssicherheit ist durch die geringe Sektionsquote bedroht, da neuere Studien beweisen, dass Tötungsdelikte und nicht-natürliche Todesfälle unerkannt bleiben. So wurde in einer multizentrischen Studie nachgewiesen, dass mindestens 1200, max. 2400 Tötungsdelikte in Deutschland jährlich unentdeckt bleiben. [7] Mit dem weitgehenden Verzicht auf Sektionen fehlt ein wichtiges Instrument zur Überführung bzw. Entlastung Tatverdächtiger. [7]
Auch besteht noch ein nachwirkendes Eigeninteresse des Verstorbenen (m/w) oder dessen/deren Angehöriger an der Sektion: Die epikritische Abklärung einer tödlichen Krankheit im Rahmen der inneren Leichenschau ist als letzter Dienst des Arztes und der Gesellschaft an der verstorbenen Person anzusehen. Besonders augenfällig ist beispielsweise ein solches Eigeninteresse in Fällen, in denen bei der Sektion ein Tod durch Fremdeinwirkung festgestellt wird. Aber auch in allen anderen Fällen, in denen der Tod unvermutet eintritt bzw. aus medizinischer Sicht Fragen aufwirft, ist post - mortem ein nachwirkendes Eigeninteresse an der Aufklärung der Todesumstände anzunehmen. [7]

5.1 Fallstudie 1:
Autopsien und Forensische Toxikologie in Deutschland

Im Frühjahr 2005 veröffentlichte die Unternehmensberatung Ernst & Young eine Studie, die beschrieb, dass ein Viertel aller bestehenden Krankenhäuser bis 2020 wegen Unwirtschaftlichkeit geschlossen werden. [8] Fast zeitgleich berichtete der Thieme Verlag in einem Artikel vom 15.12.2005 (Via medici online)[9], dass in Deutschland zu wenig obduziert würde. Deutschland sei bei den Obduktionen *„europaweit Schlusslicht"*, nur in Norwegen werde noch weniger seziert. [9]

Wurden 1980 noch ca. 10% aller Todesfälle in Deutschland obduziert, so waren es in den Jahren 1991 nur noch ca. 8%, 1994 ca. 4.2% und 1999 nur noch ca. 3.1%. [7]. Inoffizielle Zahlen beschreiben eine derzeitige Sektionsquote (2007) von < 2.5%.

Der heutige 1.Vizepräsident der Deutschen Gesellschaft für Rechtsmedizin, Prof. Dr. Wolfgang Eisenmeyer berichtete in einem Interview mit der Wochenzeitschrift „Die Zeit" vom 13.11.2003 [10] von seiner Befürchtung, dass aufgrund der Schließungen von Rechtsmedizinischen Instituten bald keine Gewaltverbrechen mehr aufgeklärt werden könnten. Auch hier seien rund ein Viertel der forensischen Institute von der Schließung bedroht. [10] Frei gewordene Lehrstühle für Rechtsmedizin würden nicht mehr besetzt werden, denn der Generationswechsel, der in der Rechtsmedizin stattfindet, da viele C4-Professoren in den Ruhestand gehen, würde dazu benutzt werden, rigorose Kürzungspläne durchzusetzen. [10].

Die gleiche Entwicklung ist bei frei werdenden Lehrstühlen für Toxikologie zu beobachten, und man kann ganz klar zeigen, dass es nicht eine einzige Universität oder Fachhoch-schule in Deutschland gibt, die ein <u>eigenständiges Studium</u> zum „Toxikologen" oder zum „Forensischen Toxikologen" anbietet. Ausschließlich an der Universität in Leipzig wird ein postgraduales Weiterbildungsstudium in Toxikologie angeboten, welches Humanmediziner, Pharmazeuten oder Chemiker in 5 Semestern berufsbegleitend absolvieren können. Forensische Toxikologe ist eine Teildisziplin in diesem post-gradualen Weiterbildungsstudium.

Das Bundesministerium für Umwelt, Naturschutz und Reaktorsicherheit informiert in seiner Veröffentlichung *„REACH für Toxikologen"* (Chemikaliensicherheit) [11] über den Abbau der Lehrstühle für Toxikologie und zeigt einen gravierenden Mangel an Toxikologen an. Rund 1000 Toxikologen würden dem deutschen Markt fehlen. [11]

Am 29.Januar 2008 wurde das Institut für Forensische Toxikologie im Klinikum der Johann Wolfgang Goethe Universität in Frankfurt am Main persönlich aufgesucht, an dem Prof. Dr. Dietrich Mebs das einzige Institut für Forensische Toxinologie (Pflanzen- und Tiergifte) in ganz Deutschland führt. Prof. Mebs hatte zur Rechtsmedizinischen Spezialvorlesung „Tod durch pflanzliche und tierische Gifte" eingeladen, und seinem Ruf folgten nur wenige Studenten (m/w), die sich im 3. Semester Humanmedizin befanden und diese Pflichtveranstaltung besuchen mussten.

Im Vorfeld der Vorlesung sprachen Prof. Mebs und ich über die Zukunft seiner Abteilung in Frankfurt, über spezielle und hochspezifische Pflanzengiftanalysen in menschlichem Geweben (z.B. Biopsie von Nierengewebe) im Rahmen der toxikologischen post-mortem Analyse und über die Zukunft der Toxikologie in Deutschland im Allgemeinen.

Die Antworten waren noch erschütternder als die Ernst & Young Analyse berichtete:

„…Die Zukunft des postgradualen Studiums in Leipzig sei mindestens so ungewiss wie der Fortbestand seiner Abteilung, denn schließlich sei er Jahrgang 1942 und bereits offiziell im Ruhestand. Die Wahrscheinlichkeit, dass auch in Frankfurt die C4-Lehrstühle in den kommenden 5 Jahren dem Rotstift weichen müssten sei hoch, und für spezielle oder hochspezifische Biopsien zum Aufspüren exotischer Gifte fehle grundsätzlich das Geld und dementsprechende Analyseverfahren…".

Nicht nur die Ausbildungsmöglichkeiten für Toxikologen sind in Deutschland stark limitiert, auch die dementsprechenden offenen Stellen an Rechtsmedizinischen Instituten sind für Forensische Toxikologen an zwei bis drei Fingern pro Jahr abzuzählen. Und ihr Einsatzgebiet erstreckt sich dann im Regelfall auf standardanalytische Hauptanwendungen, der Alkohol-, Drogen- und Arzneimittelanalytik an Lebenden oder auf dementsprechendes Screening an verstorbenen Personen. Für die Analytik von exotischen Giften, der Einführung und Validierung neuer Untersuchungsmethoden als auch hochspezifischer Gewebsanalysen (Biopsien) verbleibt im Alltag wenig oder keine Zeit, und somit bestehen oftmals überhaupt keine analytischen Verfahren für solche speziellen Untersuchungen.

Und die wenigen Toxikologen pro Jahr, die das postgraduale Studium der Toxikologie am Rechtsmedizinischen Institut der Universität Leipzig erfolgreich abgeschlossen haben, werden händeringend von der chemischen oder pharmazeutischen Industrie mit dementsprechenden Gehältern rekrutiert.

Ein anderer Weg, Toxikologe (m/w) in Deutschland zu werden, bietet die Deutsche Gesellschaft für Pharmakologie und Toxikologie, DGPT. In einem Weiterbildungsprogramm zum/zur „Fachtoxikologe/in DGPT" können sich Mediziner oder Naturwissenschaftler toxikologische Grundfertigkeiten und Kenntnisse entsprechend den Weiterbildungsrichtlinien dieser Gesellschaft aneignen und nach Bestehen einer abschließenden Prüfung das Zertifikat zum/ zur „Fachtoxikologe/in DGPT" erwerben. Bei dieser Art der beruflichen Fortbildung handelt es sich nicht um ein Hochschulstudium. Zudem ist die Disziplin „Forensische Toxikologie" in dem Weiterbildungsprogramm der DGPT stark unterrepräsentiert bzw. nicht vorhanden. Zwar werden Organtoxikologie, Organpathologie sowie Klinische Toxikologie gelehrt, Untersuchungen post-mortem sind aber nicht Bestandteil dieser Ausbildung. (Siehe Ausbildungsreglement der DGPT unter www.dgpt-online.de)

Die Anerkennung als „Forensischer Toxikologe GFTCh" (m/w) wird von der Gesellschaft für Toxikologie und Forensische Chemie (GFTCh) verliehen, dies jedoch ausschließlich an ihre Mitglieder auf Antrag, wenn diese ein abgeschlossenes Hochschulstudium mit Promotion in Chemie, Pharmazie, Physik, Biologie oder Medizin und eine mindestens 7-jährige und fortdauernde praktisch-forensische hauptberufliche Tätigkeit nach dem Hochschulstudium in toxikologischen Aufgabengebieten an entsprechenden Hochschulinstitutionen, Kriminaltechnischen Instituten oder gleichwertigen Institutionen nachweisen können. (Siehe Richtlinien für die Anerkennung als „Forensischer Toxikologe/in GFTCh" unter www.gftch.org) Danach erfolgt ein Anerkennungsprozess durch die gesellschaftseigene Kommission und die abschließende Anerkennung (oder Ablehnung) als „Forensischer Toxikologe GTFCh" durch den Vorstand auf der Grundlage eines positiven Votums der Anerkennungskommission.

Es ist nochmals zu erwähnen, dass es in Deutschland ein Anerkennungsverfahren für Forensische Toxikologen gibt, welches durch eine Gesellschaft geregelt ist, nicht aber die Möglichkeit besteht, das Studienfach „Forensische Toxikologie" an einer

Universität oder sonstigen Hochschule eigenständig zu absolvieren. Das Anerkennungsverfahren richtet sich vielmehr an Berufspraktiker und Mitglieder der Gesellschaft mit abgeschlossenem naturwissenschaftlichem Erststudium und Promotion. Bedenkt man, dass die Regelstudiendauer in Deutschland für ein Chemiestudium einschließlich Promotion zwischen 8.5 - 10 Jahre beträgt, Absolventen dann noch eine mindestens 7-jährige praktisch-forensische Berufspraxis nachweisen müssen und evtl. noch eine postgraduale Fachweiterbildung zum Toxikologen absolvieren, ist es nicht verwunderlich, dass anerkannte „Forensische Toxikologen GFTCh" im Regelfall das 40. Lebensjahr erreicht haben.

5.2 Fallstudie 2:
Autopsien und Forensische Toxikologie in Österreich

Am 26.September 2007 berichtete der Österreichische Rundfunk (ORF) über die Aufregung bei den Einsparungen von Obduktionen. [12]
Bei den Obduktionen in Wien solle künftig gespart werden, und das Landesgericht sowie die Polizei sei besorgt, dass dadurch mehr Verbrechen als bisher unentdeckt bleiben würden. Befürchtet wird, dass Morde, die als Unfälle oder Selbstmorde getarnt werden, nicht mehr aufgedeckt werden, weil weniger Leichen obduziert werden.

Mit einer Obduktionsquote von 30% hatte Wien eine Art Vorbildfunktion: Während in Gesamtösterreich diese Quote bei ungefähr 22% liegt, wurde in Wien fast jeder dritte Todesfall in Form von Leichenöffnungen untersucht. [12]
Wurden 1970 noch ca. 99.5% aller Todesfälle in Österreich obduziert, so waren es in den Jahren 1993 nur noch ca. 33%. Dafür stabilisierte sich dieser Wert aber bis 1999 auf 30 - 35% und pendelte sich in den Jahren 2000 – 2007 auf ca. 30% für Wien und ungefähr 22% österreichweit aus. [7] [12]

Deutsche Rechtsmediziner beneideten ihre Kollegen in Wien, da es bei dieser Obduktionsquote recht unwahrscheinlich schien, dass in der Bundeshauptstadt Morde „übersehen" wurden.[12] Die Stadt Wien bestätigte, dass die Zahl der Leichenöffnungen ab 2008 deutlich gesenkt wird, von bisher 1500 pro Jahr auf ca. 500. Nach Angaben der Stadt Wien liegt die Kostenersparnis bei ungefähr 120.000 € pro Jahr. Begründet wurde die Maßnahme mit der Kritik des Rechnungshofes, der

meinte, in Wien werde im Vergleich zu anderen Bundesländern zu häufig obduziert.
[12]

Parallel zu der Obduktionsquote von 22% für Gesamtösterreich ist eine toxikologische Standarduntersuchung in der Alpenrepublik ebenfalls fester Bestandteil der Obduktion. Gemeint sind auch hier standardanalytische Hauptanwendungen, wie z.B. Alkohol-, Drogen- und Arzneimittelanalytik an Lebenden bzw. ein dementsprechendes Screening an verstorbenen Personen. In Österreich werden diese Untersuchungen durch einen Gerichtschemiker/Forensischen Chemiker zusammen mit dem verantwortlichen Rechts-mediziner durchgeführt. Wie viele Biopsien jährlich post-mortem durchgeführt werden, konnte abschließend nicht exakt ermittelt werden (da keine Statistik vorhanden ist), in persönlichen Gesprächen mit Rechtsmedizinern aus Wien und Innsbruck wurde aber eine inoffizielle post-mortale Biopsierate zwischen 5.0 – 7.0% angegeben, möglicherweise höher.

Auch in Österreich bietet nicht eine einzige Universität oder Fachhochschule ein eigenständiges Studium zum Toxikologen an, ferner gibt es auch kein Studium, welches eigenständig zum Forensischen Toxikologen ausbildet. Ausschließlich an der Medizinischen Universität Wien wird für Absolventen (m/w) der Studienrichtungen Humanmedizin, Zahnmedizin, Veterinärmedizin, Chemie, Biologie, Pharmazie und Ernährungswissenschaften eine postgraduale Ausbildung als Universitätslehrgang Toxikologie in sechs Semestern angeboten. Den Absolventen wird der Titel „Master of Science (Toxicology)" verliehen. [13] Auch die österreichischen Absolventen (m/w) werden händeringend von der chemischen oder pharmazeutischen Industrie rekrutiert.

Am 31. Januar 1991 wurde die Austrian Society of Toxicology (ASTOX) gegründet, ein eingetragener Verein (e.V), der die annähernd vergleichbaren Aufgaben in Österreich wahrnimmt wie die DGPT in Deutschland (www.astox.at), jedoch mit dem Unterschied, dass die ASTOX auf ihrer Internetseite das postgraduale Studium zum „Master of Science in Toxicology" der Medizinischen Universität Wien vorstellt, insofern die Weiterbildung in Toxikologie mit einem Hochschulstudium, dem internationalen „Master – Titel" sowie dessen Inhalten verknüpft.

Eine Anerkennung zum „Forensischen Toxikologen" in Österreich verläuft quasi parallel zu der in Deutschland. So verwendet die Österreichische Gesellschaft für Gerichtliche Medizin (www.oeggm.com) die Richtlinien der Gesellschaft für Toxikologische und Forensische Chemie (GFTCh) zur Qualitätssicherung bei forensisch-toxikologischen Untersuchungen. Wer in Deutschland als „Forensischer Toxikologe GFTCh" bzw. als „Forensischer Chemiker GFTCh" anerkannt ist, besitzt ebenfalls die Anerkennung in Österreich. Die Richtlinien für die Anerkennung als „Forensischer Chemiker GFTCh" können unter www.gtfch.org aufgerufen werden.

Auch das Anerkennungsverfahren zum „Forensischen Chemiker" richtet sich an Berufs-praktiker und Mitglieder der Gesellschaft mit abgeschlossenem naturwissenschaftlichem Erststudium (Chemie) und Promotion. Der Unterschied liegt aber darin, dass ein potentieller forensischer Chemiker eine nur 5-jährige praktisch-forensische Berufspraxis nachweisen muss und keine (zwingende) zusätzliche toxikologische Fachausbildung benötigt.

5.3 Fallstudie 3:
Autopsien und Forensische Toxikologie in der Schweiz

Wurden 1950 noch ca. 55% aller Todesfälle in der Schweiz obduziert, so waren es in den Jahren 1991 nur noch ca. 25% und 2002 noch ca. 20%. [7].
Seit 2007 ist die durchschnittliche Autopsiefrequenz auf unter 20% gesunken, und eine Obduktion wird ganz selten und praktisch nur noch bei forensischen Fragestellungen veranlasst. [14]
Diese Entwicklung in der Schweiz führte zu einer heftigen landesinternen Diskussion, die u.a. im *Schweiz Med Forum* [14] offen ausgetragen wurde. Es waren Veröffent-lichungen zu lesen mit der Fragestellung *Die Autopsie: Anachronistischer Zopf oder vernachlässigte Qualitätskontrolle?* [14], oder offene Aufrufe wie *„…Nein! Die klinische Autopsie darf nicht sterben!"* [15]. Auch politisch führte der Sachverhalt der sinkenden Autopsiezahlen zu Anfragen von Politikern an den Regierungsrat. So starteten Erika Ziltener (SP, Zürich) und Barbara Bussmann (SP, Volketswil) am 13. Februar 2006 eine Anfrage an den Regierungsrat, mit der Bitte um Beantwortung der Frage,…*"Mit welchen Maßnahmen der Regierungsrat gedenkt, dem Trend der sinkenden Anzahl von Autopsien entgegenzuwirken…?"* [16]
Es ist generell zu sagen, dass in der Schweiz ein Diskussionsprozess angetreten wurde, der längst noch nicht abgeschlossen ist und der, anders als in der

Bundesrepublik Deutschland, von Wissenschaftlern, Politikern, Interessenverbänden und den Schweizern Bürgern (m/w) geführt wird.

Eine toxikologische Standarduntersuchung in der Schweiz ist ein Bestandteil der forensischen Obduktion. Gemeint sind auch hier standardanalytische Hauptanwendungen, wie z.B. Alkohol-, Drogen- und Arzneimittelanalytik an Lebenden, bzw. ein dementsprechendes Screening an verstorbenen Personen.

Innerhalb der Schweizerischen Gesellschaft für Rechtsmedizin (SGRM) besteht die Sektion „Forensische Chemie und Toxikologie" (FCT). Die Weiter- und Fortbildung der Sektion FCT ist im Fachtitel-Reglement FCT geregelt. Von den Laborleitern der Schweizerischen Institute für Rechtsmedizin wird erwartet, dass sie den Fachtitel „Forensischer Toxikologe SGRM" in den Bereichen Untersuchungen von Fahrern unter Alkoholeinfluss, Untersuchungen von Fahrern unter Einfluss von Drogen und Medikamenten, Untersuchung von anderen lebenden Personen und post-mortem Untersuchungen erwerben. [16] Auch regelt die SGRM die Fortbildung zum „Forensischen Chemiker SGRM". Die Richtlinien für die Anerkennung beider Titel können unter www.sgrm.ch aufgerufen werden. [17]

Der Vorstand der SGRM verleiht Mitgliedern, welche den Fachtitel „Forensischer Toxikologe GFTCh" bzw. den Fachtitel „Forensischer Chemiker GFTCh" gemäß den Richtlinien der Gesellschaft für Toxikologische und Forensische Chemie (GFTCh, Deutschland) erworben haben, auf Antrag den betreffenden Schweizer Titel ohne weitere Angaben. [17]

Die post-mortem Toxikologie wird als umfassendes Pflichtmodul im Rahmen des Fachtitelreglements aufgeführt, mit klaren Aussagen darüber, dass ein Forensischer Toxikologe SGRM u.a. in der Lage sein muss, nach „...*nichtmetallischen Giften, Metallen und organischen Giften zu suchen, und wenn vorhanden, diese aufzufinden...*" [17] Auf Nachfrage wurde bestätigt, dass auch nach exotischen Giften im Rahmen einer Biopsie gesucht werden würde, wenn die gesamtheitliche Untersuchung/ Autopsie einen solchen Verdacht bekräftigen würde (z.B. Tod nach einer Urlaubsreise, etc.). Über spezielle Analysemethoden bei solchen Verdachtsmomenten sowie über Art und Herkunft von möglichen exotischen Giften konnten keine weiteren Auskünfte erteilt werden.

Auch in der Schweiz bietet nicht eine einzige Universität oder Fachhochschule ein eigenständiges Studium zum Toxikologen an, ferner gibt es auch kein Studium, welches eigenständig zum Forensischen Toxikologen ausbildet. Das Weiterbildungsreglement der SGRM richtet sich, wie auch schon in Deutschland oder Österreich, an Natur-wissenschaftler und Mediziner, die ihr Erststudium bereits - im Regelfall mit Promotion - abgeschlossen haben.

Ein absolutes Positivbeispiel stellt aber die Universität in Lausanne dar, aufgestellt mit eigenständigem Bachelor- und Masterstudiengang in Forensic Science! Auch wenn diese nicht direkt zum Abschluss eines Forensischen Toxikologen führen, so orientiert sich Lausanne jedoch mit ihren Angeboten am internationalen Standard für die kriminaltechnisch - wissenschaftliche Ausbildung (Forensic Science). Nach abgeschlos-senem Abitur/Matura können Studenten an der „School of Criminal Justice" einen Bachelor of Science in Forensic Science absolvieren und danach entscheiden, ob sie mit diesem eigenständigen Abschluss in die Arbeitswelt eintreten oder einen anschließenden *Master of Science in Forensic Science*" absolvieren. [18] Und weil die Abschlüsse in Kriminaltechnik der Universität Lausanne bereits völlig auf internationalem Bachelor- und Masterniveau basieren, kann ein jeder Bachelorabsolvent völlig frei darüber entscheiden, ob er sein Masterprogramm in Forensic Science in Australien, England, Kanada, den USA oder weiter in Lausanne verfolgen möchte. So besteht z.B. die Möglichkeit, dass ein Absolvent mit Bachelor of Science in Forensic Science im Anschluss ein Masterprogramm mit Schwerpunkt in Toxikologie absolviert, welches zum Abschluss „Master of Science in Forensic Toxicology" führt. Dem Absolventen steht es dann völlig frei, in welchem Land er arbeiten möchte oder ob er ggf. zu promovieren wünscht. Im Regelfall sind Absolventen mit Masterbschluss ungefähr 24 - 25 Jahre alt.

Aufgrund diverser Umstände hatte die Schweizerische Gesellschaft für Pharmakologie und Toxikologie (SSPT; Swiss Society for Pharmacology and Toxicology) bereits 1998 den Entschluss gefasst, den aktuellen Status der Toxikologie in der Schweiz zu erfassen. Hier die wichtigsten Erkenntnisse aus dieser Studie [19]:

„...Das Schweizerische Institut für Toxikologie in Schwerzenbach, eine akademische Institution welche gemeinsam von der Universität Zürich und von der ETH getragen

werden, bildet seit 20 Jahren das toxikologische Zentrum in der Schweiz. In diesem Institut werden Grundlagen erforscht. Vor allem aber führen seine drei Abteilungen angewandte Forschung durch und gewährleisten Expertisen und Ausbildung. Es wurde in der letzten Zeit bemängelt, dass die Aktivitäten den raschen Änderungen sowohl in der biologischen und medizinischen Forschung, als auch in der Technologie in der letzten Zeit ungenügend angepasst wurden, weshalb die Aktivitäten im Jahre 2001 eingestellt werden sollen. Unter diesem Gesichtspunkt hat die Schweizerische Gesellschaft für Pharmakologie und Toxikologie (SSPT; Swiss Society for Pharmacology and Toxicology) den Entschluss gefasst, den aktuellen Status der Toxikologie in der Schweiz zu erfassen. Die Schweizerische Akademie für Naturwissenschaften und diejenige für Medizin haben diese Studie ideell und finanziell unterstützt; und der Schweizer Wissenschaftsrat wurde bei verschiedenen Gelegenheiten konsultiert.

Anfangs 1998 wurde ein Fragebogen an mehr als 100 ausgewählte Personen verschickt, die sich aktiv mit der Toxikologie beschäftigen, und die 48 retournierten Fragebogen wurden als Grundlage für diesen Bericht verwendet. Zusätzlich wurden Gruppenhearings und Meetings mit Wissenschaftlern in Basel, Genf, Lausanne und Zürich abgehalten. Daneben wurde das Schweizerische Berufsregister für Toxikologie, ein Schweizerisches Nachdiplom für praktizierende Toxikologen, eine Website der Sektion für Toxikologie der SGPT, und das lokale „Forschungszentrum für Fremdstoffe und Umweltrisiken" geschaffen.

<u>Resultate dieser Studie</u>

Die Studie zeigt, dass über 900 Personen auf verschiedenen Gebieten der Toxikologie in der Schweiz tätig sind; 1/3 von ihnen hat eine akademische und 2/3 eine technische Ausbildung absolviert. Die wichtigsten Auftraggeber der Toxikologen in abnehmender Reihenfolge sind: Industrie, Universitäten oder staatliche technische Institute (ETHZ/EPFL), und Regierungsstellen. Die aktuellen Aktivitäten der Toxikologen umfassen ein breites Gebiet, das von Grundlagenforschung bis zur Arbeits-, Gerichts- und Präventivmedizin reicht. Bezüglich akademischer Forschung und Ausbildung ist Zürich der Schwerpunkt, gefolgt von Lausanne, Genf, Basel und Bern. Industrie- und Ernährungstoxikologie konzentrieren sich innerhalb der multinationalen Gesellschaften jeweils in der Umgebung von Basel und Lausanne. Als Auskunftsstelle bei akuten und chronischen Fällen von Vergiftung und klinischer

Toxikologie bietet das Schweizerische Toxikologische Informationszentrum (STIZ) in Zürich seine Dienstleistungen an. Dieses Zentrum arbeitet eng zusammen mit den klinischen Abteilungen des Universitätsspitals in Zürich..." [19]

Aufgrund der vorliegenden Studie wurden folgende Vorschläge zur Verbesserung der Forschung und der Ausbildung in der Grundlagen- und angewandten Toxikologie formuliert (Fokus auf Aus- und Weiterbildung):

◘ Koordination mit den lokal existierenden Ausbildungszentren zur Sicherstellung von Diplom- und Nachdiplomstudien, Seminaren und Weiterbildung auf allen Gebieten der Toxikologie. [19]

◘ Mitwirkung an toxikologischen Ausbildungsprogrammen in Europa, US und Japan. [19]

◘ Sicherstellen des Informationsaustausches und Angehen gemeinsamer Projekte zwischen den Universitäten, Schweizerischen Technischen Hochschulen, der Industrie und den Regierungsstellen in allen Bereichen der modernen toxikologischen Forschung. [19]

◘ Ausarbeitung adäquater integrierter Trainingsprogramme für Toxikologen und Ermög-lichung einer Ausbildung zum Toxikologen (PhD). [19]

Die gesamte Studie [19] mit allen Resultaten, Empfehlungen und Umsetzungs-strategien kann auf der Internetseite der Schweizerischen Gesellschaft für Pharmakologie und Toxi-kologie (www.sspt.ch) aufgerufen werden.

Abschließend soll noch auf die erste Schweizer Fachzeitschrift für Forensiker, Kriminalisten und Spurensicherer hingewiesen werden, welche über die Chefredakteurin Martina Rivola (kriminalistikjournal@shima.ch) zu beziehen ist. Die Beiträge in dieser Zeitschrift behandeln weniger forensisch-toxikologische Fragestellungen, geben aber eine generelle Übersicht über die verschiedenen Facetten kriminaltechnischer und kriminalistischer Ermittlungsarbeit.

6 Diskussion und Ausblick

Kostendruck, Schließungen, Einsparungen und keine universitären eigenständige Angebote: Mit diesen Schlüsselwörtern ist die Lage der Rechtsmedizin und der Toxikologie in der Bundesrepublik Deutschland am besten zu beschreiben! Mit einer Autopsierate weit unter 5% und damit verbunden nur wenig durchgeführte post-mortale toxikologische Untersuchungen an verstorbenen Personen, liegt Deutschland europaweit am hinteren Ende dieser Skala. Nicht vorhandene universitäre Angebote mit eigenständigen Bachelor- oder Masterabschlüssen in Allgemeiner oder Forensischer Toxikologie verschärfen darüberhinaus den Tatbestand, dass ein enormer Mangel an Toxikologen auf dem deutschen Arbeitsmarkt vorherrscht. Auch ist die Universität Leipzig mit ihrem postgradualem Studium in Toxikologie nicht in der Lage, diesen Mangel auszugleichen. Sowohl die Ausbildung zum „Fachtoxikologen DGPT", als auch das Anerkennungsprozedere zum „Forensischen Toxikologen GFTCh" ist als zu langwierig und umständlich zu beschreiben, außerdem keine (Hochschul-)Ausbildung nach internationalem System. Universitäten in den USA, Kanada oder Großbritannien zeigen z.B., das ein eigenständiges Studium der Toxikologie mit Masterabschluss bis zum Erreichen des 24. Lebensjahr durchaus möglich ist. Die Wahrscheinlichkeit, dass in Deutschland ein Giftmord „übersehen" wird, insbesondere wenn ein exotisches Gift verwendet wurde, ist sehr hoch.

„Österreichs Kapital liegt in der Historie begründet", ruft man sich noch einmal die Autopsierate von 99.5% aus dem Jahre 1970 ins Gedächtnis. Auch wenn dieser Wert bis zum heutigen Tag bei ca. 22% österreichweit und (noch) bei ca. 30% in der Landeshauptstadt Wien liegt, so hat die Alpenrepublik eine Autopsierate von 22% niemals unterschritten!

Das Wissen ist immer noch präsent, dass vor 30 Jahren fast jeder Verstorbene obduziert wurde. Daher und aus anderen Gründen wird die Autopsie auch heute noch als wichtige Säule der Medizin in Österreich verstanden, welches sich in ihrer Rate, den post-mortalen toxikologischen Analysen und wenn nötig, toxikologischen Zusatzuntersuchungen (z.B. Biopsien) niederschlägt. Ob österreichische Rechtsmediziner, Toxikologen oder Gerichtschemiker in der Lage sind, z.B. exotische, afrikanische Pflanzengifte aufzufinden bleibt offen, aber denkbar.

Eigenständige, universitäre Lehrangebote auf Bachelor- und Masterniveau in Toxikologie müssen auch in Österreich geschaffen werden, wobei mit dem postgradualen „Master of Science in Toxicology" an der Medizinischen Universität Wien ein sehr guter Anfang gemacht wurde. Das Ausbildungsangebot an Hochschulen in „Forensischer Toxikologie" ist auch in Österreich, wie schon in Deutschland, mangelhaft.

Die Schweiz reiht sich mit in diese Liste ein: Eigenständige, universitäre Lehrangebote auf Bachelor- und Masterniveau in Toxikologie fehlen zurzeit, auch ist das Ausbildungs-angebot in „Forensischer Toxikologie" mangelhaft! Nach deutschem „Vorbild" obliegen Ausbildungsrichtlinien und Anerkennungsverfahren zum „Forensischen Toxikologen" einer Gesellschaft (SGRM), und damit liegt die Ausbildung auch in der Schweiz nicht in den autonomen Händen von Hochschulen.
Die Universität in Lausanne, aufgestellt mit eigenständigem Bachelor- und Masterstudiengang in Forensic Science zeigt aber, dass es auch anders gehen kann. Versteht es die Schweiz, das „Lausanner Modell" auf die Toxikologie bzw. auf die Forensische Chemie zu übertragen und darüberhinaus konsequent die Ergebnisse aus der SSPT – Studie umzusetzen, begibt sich die Schweiz auf einem guten Weg.
Seit 2007 ist die durchschnittliche Autopsiefrequenz auf unter 20% gesunken, und eine Obduktion wird ganz selten und praktisch nur noch bei forensischen Fragestellungen veranlasst. Darin liegt aber gerade die Problematik: Da viele exotische Gifte nur sehr schwer bzw. nur unter größtem analytischen Aufwand detektiert werden können und viele dieser Gifte darüberhinaus in der Lage sind, den natürlichen Tod vorzutäuschen, muss erst einmal der Anfangsverdacht im Raum stehen, um eine forensische Fragestellung zu formulieren! Eine forensische Fragestellung mit dementsprechenden Untersuchungen kann nämlich überhaupt nur der derjenige (m/w) anstoßen, der über dementsprechendes Fachwissen, Ausbildung, Untersuchungszeit und Analysemethoden verfügt! Wer aber die Autopsie von vornherein bei <u>nicht forensischen Fragestellungen</u> ausschließt läuft Gefahr, die forensische Relevanz nicht zu erkennen bzw. Giftmorde zu übersehen.
Es bleibt nur zu hoffen, dass der zurzeit noch laufende Diskussionsprozess über den Zustand der Autopsie in der Schweiz diesen Gesichtspunkt zwingend berücksichtigt.

Literaturverzeichnis

[1] Osius TG: The historic art of poisoning. University of Michigan Medical Bulletin, 1957; 23(3):111-116

[2] Levitt Theodore: The Globalization of Markets. Harvard Business Review, 61.Jg, 1983, Nr.3, S.92

[3] Barnaby J. Feder: "Theodore Levitt, 81, Who Coined the Term "Globalization", Is Dead" New York Times, 06.July 2006

[4] Zachert Hans-Ludwig: Die internationale organisierte Kriminalität. Analyse des ehem. Präsidenten des BKA. IP(Internationale Politik), Frankfurter Sozietäts-Verlag; Ausgabe 02/1995

[5] Trestrail J.H: Investigational Guide for Law Enforcement, Toxicologists, Forensic Scientists and Attorneys, 2000; humanapress, ISBN 0-89603-133-2

[6] Levine Barry: Principles of Forensic Toxicology.2006; AACCPress, ISBN-10: 1-59425-053-7; ISBN-13: 978-1-59425-053-8

[7] Vorstand der Bundesärztekammer (D): Stellungnahme zur Autopsie (Langfassung). Berlin, 26. August 2005

[8] Wirtschaftsprüfungsgesellschaft Ernst & Young: Studie zur Wirtschaftlichkeit deutscher Krankenhäuser/ Ausblick 2020. Erschienen im Frühjahr 2005

[9] Hüttemann Melanie: In Deutschland wird zu wenig obduziert. TiemeVerlag/ Via medici online; Artikel vom 15.12.2005

[10] Wochenzeitschrift „Die Zeit" vom 13.11.2003: Mord an der Rechtsmedizin. Gespräch mit Prof. Dr. Wolfgang Eisenmenger/ Interview

[11] Bundesministerium für Umwelt, Naturschutz und Reaktorsicherheit: REACH für Toxikologen. Stellungnahme zur Chemikaliensicherheit ; Juli 2007

[12] Österreichischer Rundfunk, ORF: Aufregungen über Einsparungen bei Obduktionen; oesterreich.ORF.at, 26.09.2007

[13] Austrian Society of Toxicology: Verweis auf die Medizinische Universität Wien; postgradualer Universitätslehrgang Toxikologie/ Master of Science (Toxicology); www.astox.at

[14] Hoess Claus, Moll Carlo, Krause Martin.: Die Autopsie: Anachronistischer Zopf oder vernachlässigte Qualitätskontrolle? Schweiz Med Forum 2007;7;278-283

[15] Genton Claude Y: „…Nein! Die klinische Autopsie darf nicht sterben!" Schweiz Med Forum 2007;7;268-269

[16] Ziltener Erika u. Bussmann Barbara: Anfrage an den Regierungsrat betreffend sinkender Autopsien in der Schweiz. KR-Nr. 50/2006, Zürich und Volketswil 13.02.2006

[17] Schweizerische Gesellschaft für Rechtsmedizin (SGRM): Fachtitel-Reglement der Sektion Forensische Chemie und Toxikologie (FCT); www.sgrm.ch

[18] University of Lausanne – School of Criminal Justice (Faculty of Law and Criminal Justice): Informationsbroschüren Bachelor/ Master of Science in Forensic Science. www.unil.ch

[19] Swiss Society of Pharmacology and Toxicology (SSPT): Toxikologie in der Schweiz; Studie; www.sspt.ch

Ausblick auf eine kommende Publikation:

Tünnesen B.: „Criminal poisoning II": Die post-mortale Analyse von exotischen Giften am Beispiel eines afrikanischen Pflanzengiftes. Grin Verlag; voraussichtl. Erscheinungstermin Januar 2009